L.b 168.

DE L'ORGANISATION DU TRAVAIL

PAR LES SOCIÉTÉS EN COMMANDITE

PAR

M. ALEX. BRIÈRE

INGÉNIEUR—MÉCANICIEN, MANUFACTURIER A PONT—REMY (SOMME)

Prix : 20 Centimes

PARIS

COMPTOIR DES IMPRIMEURS UNIS

COMON ET Cᵉ

QUAI MALAQUAIS, 15

1848

DE L'ORGANISATION DU TRAVAIL

PAR

LES SOCIÉTÉS EN COMMANDITE,

Par M. Alex. BRIÈRE,

Ingénieur-Mécanicien, Manufacturier à Pont-Remy (Somme).

Cette question, la plus grande de notre époque et dont l'Assemblée nationale jettera la première base, afin de rassurer les esprits inquiets, est encore un problème. Pour la plupart des industriels, ce problème est insoluble; pour quelques autres, la solution en est ardue et difficile et reste encore à l'état douteux; pour quelques autres rêveurs enfin, cette solution est toute trouvée, et il n'y aurait plus, selon ces derniers, qu'à la faire passer de la théorie dans les faits, immédiatement, et, forts de cette grande idée, ils ne reculent pas devant la tâche immense d'une transformation sociale, sans se douter de la témérité de l'entreprise.

Cet immense problème, qui surgit au sein de la société d'une manière si inattendue, fait naître, parmi les ouvriers de toutes les professions, des espérances chimériques, capables de nous amener des déchirements sociaux, incalculables, et dont les ouvriers eux-mêmes seraient les premières et les plus malheureuses victimes.

Quoi qu'il en soit, un travail nouveau s'élabore dans les esprits, et le gouvernement démocratique avisera, il n'existe aucun doute sur ce point, à régler d'une manière plus équitable que par le passé les rapports entre les patrons et les ouvriers. Il le doit, s'il ne veut manquer à la mission fraternelle qu'il s'est imposée, en présence du peuple en armes.

Pour mener à bonne fin la solution de ce grand problème social, le concours de tous les hommes d'expérience et de pratique n'est pas de trop : que chacun de nous fasse acte de bon citoyen pour apporter sa pierre à l'édifice social, que la nation tout entière est appelée à reconstituer.

Sans recourir aux utopies qui surgissent à l'envi les unes des autres, ne possédons-nous pas, dès à présent, les éléments nécessaires pour introduire, sans obstacles, dans les relations économiques de la société, le principe de l'association des capitaux, de l'intelligence et du travail manuel ? Ce sont, à mon avis, ces éléments, rassemblés avec discernement, qui peuvent et doivent former la base d'une loi fondamentale, pour la constitution des sociétés destinées à l'exploitation de l'agriculture, du commerce et de l'industrie.

La base de l'organisation du travail repose en effet sur ces trois éléments principaux : les capitaux, les forces intellectuelles et les forces physiques. Ces forces doivent s'unir pour faire prospérer l'œuvre commune, tandis que dans notre vieille routine, elles divergent en sens contraire et détraquent l'édifice, au lieu de le consolider.

Les forces intellectuelles et physiques se répartissent en diverses proportions entre tous les travailleurs. Mais une vérité qui frappe tous les hommes pratiques, c'est que ces forces se divisent, se tiraillent en sens contraire, au lieu de se prêter la main. Le patron n'a jamais assez obtenu de l'ouvrier, celui-ci croit toujours en faire plus que ne le comporte sa rétribution : de là l'inimitié naturelle qui fait que le premier use de sa puissance pour être exigeant, souvent au delà des limites raisonnables ; tandis que le second subit un esclavage qui l'abrutit, et le dispense d'employer l'intelligence et le dévouement dont il est capable, au succès de l'entreprise dont il est le principal agent.

Ce qui vient d'être dit n'est ignoré de personne ; il n'est donc pas étonnant de voir éclore de tous côtés des théories nouvelles qui, si elles sont inapplicables, ont au moins le mérite d'être dictées par des sentiments honnêtes et généreux. Mais il y a loin entre des principes à l'état de théories et ceux qui peuvent être appliqués sans troubles. Les lois, les usages et les habitudes d'une nation de trente-cinq millions d'habitants peuvent s'améliorer graduellement, avec le temps et le concours des hommes de bien. Ce n'est pas une telle nation que l'on pourrait transformer d'un seul jet, sans ébranler la société tout entière jusque dans ses fondements, en lui imposant des utopies dont le bon sens pratique a déjà fait justice.

Il n'en est pas moins vrai que la société tend à se transformer, et que les idées sont à la recherche d'un grand problème, celui de l'organisation du travail qui sera la clef de voûte de l'édifice social de la nouvelle République française. Il n'y aura de repos bien assuré pour la nation que lorsque ce problème sera résolu, à l'avantage bien entendu de la société tout entière.

L'organisation du travail ne s'applique pas seulement aux ateliers industriels ; il faut la comprendre dans toute son étendue, dans toute sa généralité embrassant l'industrie, le commerce et l'agriculture. Restreinte dans une spécialité, ce n'est plus une organisation sociale, ce serait un privilége, mot qui doit être rayé du dictionnaire républicain.

Pour arriver à la grande solution dont il s'agit, il est essentiel de protéger les capitaux qui s'engagent dans les entreprises. Sans capital, il n'y a pas de travail possible, et il n'y a pas de puissance au monde capable de forcer les capitalistes à engager leurs capitaux dans les spéculations agricoles, commerciales ou industrielles, dans lesquelles les travailleurs puisent leur existence. La confiance seule peut les engager.

Les capitalistes qui confient leurs intérêts aux entrepreneurs sont fort nombreux : les fortunes, en France, se divisent et tendent tous les jours à se diviser à l'infini. Tout citoyen qui a quelque épargne veut faire prospérer son petit capital qui ne peut s'utiliser que par l'association. Il confie donc ses intérêts en mains tierces, sans participer à l'exploitation ; et il suffit de faire appel à sa cupidité pour l'entraîner dans des entreprises hasardeuses, en vue d'un large bénéfice souvent imaginaire. Arrive ensuite malheureusement la ruine et la déception causées par l'incapacité, l'incurie, ou la mauvaise foi des hommes auxquels il a aveuglément confié ses intérêts, et surtout par le système vicieux de l'organisation des sociétés en commandite, qui n'offrent aucune sécurité aux capitalistes aventureux, se laissant entraîner trop souvent par l'appât offert dans des statuts rédigés sans contrôle.

L'argent, qui vivifie le travail, ne manquerait jamais en France s'il était placé sous la sauvegarde de bonnes lois d'organisation sociale. Les désastres financiers que la France vient d'éprouver ne sont pas entièrement dus à la révolution ; ils ont été précipités par elle, voilà tout.

Nous avons dit que le travail ne présente aucune garantie, dans l'état de son organisation actuelle, ni aux capitalistes, ni aux travailleurs, ces derniers n'étant pas liés par un intérêt commun et ne comprenant pas, pour la plupart, l'intérêt tout fraternel qui doit les rattacher à la prospérité de l'œuvre commune.

Ceci posé et bien compris, le mal est à nu, il s'agit d'y appliquer le remède.

Doit-on admettre les idées nouvelles des socialistes et des philosophes modernes, en substituant aux industries privées l'association des travailleurs, selon le système préconisé au Luxembourg?

Évidemment il faudrait avoir pour cela l'avis des capitalistes ; car, en supposant que l'État puisse faire l'acquisition de toutes les usines de France, il ne pourra pas procurer les capitaux nécessaires à leur exploitation.

Le principe de l'égalité des salaires pourrait, tout au plus, être admis dans une société de moines ; dans la société des pères de famille, jamais ! Ce serait l'inégalité la plus choquante, un outrage à la nature humaine et à la Divinité elle-même.

Les théories des socialistes humanitaires ont déjà fait leur temps. Laissons donc de côté leurs discours poétiques et leurs principes erronés dont l'application n'aurait d'autre effet que d'abrutir la classe intelligente des travailleurs, en tuant la mère naturelle de l'industrie, des sciences et des arts, l'émulation.

Venons maintenant à l'application d'un principe pratique, tel que la société puisse l'admettre sans troubles ni perturbations sociales.

Nous avons déjà exposé plus haut que, si les capitaux n'ont pas trouvé jusqu'à ce jour une sécurité réelle dans l'industrie et le commerce, on doit l'attribuer exclusivement à l'organisation vicieuse de nos ateliers de travail. Si les forces intellectuelles et physiques des travailleurs se divisent, c'est qu'évidemment elles ont un but différent ; or la cause du mal étant connue, le remède sera d'autant plus facile à appliquer que chacun, dans son intérêt, se ralliera pour faire concourir ses forces au même but, en les dirigeant vers le même point, celui de l'intérêt commun.

Une société de travailleurs se compose :

1º Du capital engagé pour l'exploitation de l'entreprise;

2º De l'entrepreneur chargé de la diriger, avec un personnel adjoint dont l'importance est en rapport avec les nécessités de l'entreprise, et qui constitue l'élément intelligent ou scientifique;

3º Des ouvriers affectés à la confection manuelle des travaux.

La rétribution légale due aux capitaux doit être l'intérêt légitime reconnu par la loi ; celle due à l'entrepreneur et à ses adjoints doit être fixée légitimement selon les services rendus à l'entreprise ; celle des ouvriers doit être fixée selon les usages des lieux, et graduée selon l'intelligence, l'âge, la force, l'aptitude et les capacités de chacun d'eux.

Après ces diverses rétributions basées sur les bénéfices probables de l'entreprise, restent les bénéfices excédants qui doivent être partagés entre les capitalistes, l'entrepreneur et les ouvriers ; chacun ayant concouru à la prospérité de l'entreprise, ils doivent être récompensés équitablement, selon leurs services respectifs.

Il n'est pas juste, dira-t-on, que le capitaliste qui a tout à perdre dans un temps de crise, partage ses bénéfices en temps de prospérité. Cette objection serait parfaitement fondée, si une société de travailleurs intéressés aux bénéfices, ne produisait pas plus avantageusement que celle exploitée par des ouvriers non intéressés ; mais il n'en est rien. Personne n'ignore qu'un ouvrier travaillant à la tâche, fait souvent le double de travail de celui qui est à la journée. C'est de cette circonstance qu'est né le marchandage qui, quoi qu'on en dise, a rendu d'immenses services à l'industrie et aux ouvriers eux-mêmes, en permettant de produire à plus bas prix, de manière à rendre accessible aux petites bourses l'acquisition des objets de luxe et d'ameublement, et conséquemment à augmenter le travail par suite de l'écoulement dû au bas prix d'acquisition.

La participation du travail de l'ouvrier aux bénéfices remplacera le marchandage, et le capitaliste comme l'entrepreneur y trouveront également leur compte, car l'ouvrier ne s'appliquera pas seulement à faire un tel travail dans un temps donné, il voudra que ce travail rapporte un bénéfice auquel il prendra part ; son intelligence sera mise en jeu vers la prospérité de l'œuvre commune, et l'on peut être assuré qu'il la fera prospérer.

L'ouvrier n'aura plus à subir une surveillance qui dégrade aussi bien l'homme qui l'exerce que celui qui la supporte.

La garantie du capital est, selon moi, dans l'intérêt qu'a l'ouvrier lui-même à la prospérité de l'entreprise ; mais à côté de cette garantie, ne peut-on pas établir un fonds de réserve destiné à venir en aide en temps de crise ? Toutes les entreprises bien organisées n'ont jamais manqué d'établir ce fonds de réserve.

En admettant pour un moment, ce qui n'est pas probable, que dans une entreprise ainsi constituée, il y eût des pertes à éprouver, par suite des crises commerciales, il n'est pas douteux que ces pertes seront considérablement diminuées, lorsque les travailleurs seront intéressés aux bénéfices, le prix de revient étant considérablement diminué par le concours intéressé de tous. Ce sont, il me semble, des garanties plus solides que toutes les combinaisons charlataniques de nos sociétés vermoulues qui n'offrent le plus souvent pour toute sécurité que la solvabilité d'un nom connu dans une autre carrière que l'industrie qu'il embrasse.

Que sont devenus les capitaux engagés dans les spéculations agricoles et industrielles? Que sont devenus ces bénéfices étourdissants, promis avec tant de profusion, dans les *prospectus* de nos faiseurs boursiers?

Faut-il conclure de toutes ces erreurs, pour ne pas dire plus, que l'industrie, le commerce et l'agriculture ne peuvent faire prospérer les capitaux qui leur sont confiés? Si nous répondions affirmativement, les fortunes de plusieurs milliers d'industriels, de commerçants et d'agriculteurs, enfants de leurs œuvres, seraient là pour nous démentir. Il n'y a donc pas de mauvaises entreprises, mais il y a une foule de mauvais entrepreneurs qui ne savent pas tirer parti des éléments de succès qui sont entre leurs mains, et qui, faute de savoir coordonner ces éléments entre eux, en les rattachant à un intérêt commun, périssent euxmêmes par l'égoïsme, effraient les capitaux, ébranlent le crédit public et amènent les crises périodiques; d'où résultent les perturbations industrielles et commerciales que la République, pas plus que la monarchie, ne pourrait éviter autrement que par une protection raisonnée et efficace pour les travailleurs, entrepreneurs et capitalistes.

Je n'ai pas la prétention de dire ici que le gouvernement doive décréter l'association et la réglementer; je crois, au contraire, qu'il doit laisser le principe libre de toute contrainte, mais il doit protection aux capitaux qui s'engagent dans les entreprises publiques, pour vivifier le travail national. (J'entends ici par entreprises publiques toutes celles dont les actions se cotent à la Bourse, et qui, au lieu d'offrir sécurité aux capitalistes, ne leur apportent le plus souvent que la ruine et le dégoût.) — Le gouvernement manquerait à sa mission, s'il n'accordait pas satisfaction aux légitimes besoins des travailleurs en général, et les promesses faites par tous les candidats à la députation pour l'Assemblée constituante ne doivent pas rester stériles et vaines.

Or, protection aux capitalistes, protection aux entrepreneurs et protection aux ouvriers; telle est la mission que le gouvernement doit s'imposer pour arriver à la solution dont il s'agit, en réunissant en un seul faisceau les divers éléments qui constituent l'organisation du travail.

L'intervention de l'État, pour sauvegarder l'intérêt des capitalistes qui engagent leurs fonds dans les entreprises en commandite, doit consister principalement dans l'examen des statuts de ces sociétés, par des hommes spéciaux qui jugeraient si les fonds de roulement, sans lesquels une entreprise ne peut prospérer, sont suffisants pour les besoins de l'entreprise.

Les fonds de roulement ne sont pas, dans toutes les entreprises, en proportion des frais d'établissement. L'agriculture, par exemple, exige de grands frais d'établissement et peu de fonds de roulement, tandis qu'une filature de soie n'exige pas une grande dépense pour les premiers frais d'établissement, eu égard aux fonds de roulement nécessaires à l'achat de la matière première, et surtout pour pouvoir conserver la matière fabriquée, lorsque la vente se ralentit.

En outre des fonds de roulement, une société, qui veut être solidement constituée, devrait avoir un fonds de réserve qui serait encaissé par l'État, en échange de valeurs qui seraient admises dans la circulation comme papier-monnaie.

Tout le monde sait que les entreprises les mieux administrées tombent souvent faute de capitaux, parce que les entrepreneurs, presque toujours, dépassent, outre mesure, l'importance de leurs entreprises, en temps prospère, en vue de bénéfices qui ne se réalisent presque jamais, par suite de la concurrence. Or, il n'y a pas de concurrence plus désastreuse que celle de l'entrepreneur qui se ruine, car chacun, par amour-propre ou intérêt mal compris, s'empresse de lui donner la main pour l'accompagner dans le précipice.

L'encaissement des fonds de réserve par l'État consoliderait le crédit, établirait la confiance, en créant une immense quantité de valeurs représentatives dont le numéraire ne serait plus que l'appoint. L'intérêt de ces fonds étant payé par l'État, ils n'auraient aucune chance à courir sur leur dépréciation, et ils pourraient servir comme fonds de secours en temps de crises commerciales.

Ainsi le crédit public reposerait sur la masse des citoyens qui auraient le plus d'intérêt à le maintenir, de telle sorte que les perturbations financières ne seraient plus à craindre.

On a répété, et on le répète encore tous les jours, que la classe riche exploite la classe pauvre, la classe ouvrière particulièrement ; cela n'est pas vrai en général, mais il y a de fâcheuses exceptions. La vérité est que chacun veut utiliser son activité, en vue d'un bénéfice ; mais combien de riches manufacturiers, constructeurs et entrepreneurs divers, ont été ruinés après avoir procuré du travail et du pain à de nombreuses familles d'ouvriers ?

En temps ordinaires, l'ouvrier gagne habituellement le nécessaire ; en temps de crise, il s'obère et ne peut suffire à ses besoins. En temps prospère, il gagne un peu au delà de ses besoins ; mais le plus souvent, il les accroît par imprévoyance et ne conserve rien pour les temps de chômage.

Il n'est pas juste de dire que l'ouvrier ne participe pas aux bénéfices que fait l'industrie en temps favorable. Lorsqu'une industrie est prospère, il en profite par l'augmentation des salaires, et jamais ceux-ci ne sont abaissés en raison des crises que subissent ces industries. Les industriels se ruinent le plus souvent avant d'arrêter leurs travaux.

Pour régénérer l'organisation sociale des travailleurs, il faut dire à chacun sa vérité : il existe d'excellents patrons comme de bons ouvriers ; mais ces deux classes, pas plus que les autres classes de la société, ne sont exemptes de mauvaises passions. Nous voyons tous les jours des entrepreneurs se ruiner pour conserver du pain à leurs ouvriers ; nous voyons ceux-ci subir les plus grandes privations sans se plaindre ; mais à côté de ces hommes de bien, ne voyons-nous pas aussi des industriels riches et cupides exploiter les ouvriers malheureux ? Et, d'un autre côté, ne voit-on pas souvent les ouvriers eux-mêmes exiger des industriels malheureux un salaire au-dessus des ressources de ces derniers qui, en continuant leurs travaux, se ruinent pour ne plus se relever ?

Que doit-on conclure de tout cela ? si ce n'est que les patrons et les ouvriers, n'étant pas rattachés par un intérêt commun, marchent en sens opposé, au lieu de se réunir pour conserver l'industrie d'où chacun puise son existence.

Évidemment l'association des travailleurs aurait un effet tout contraire, en rattachant par un lien commun les intérêts individuels.

On a dit, et on répète tous les jours, une vérité bien connue : c'est que les nombreuses familles font la richesse des cultivateurs. Eh bien, que l'entrepreneur s'associe avec ses ouvriers, qui seront ses enfants ; il s'enrichira avec eux.

Le principe d'association ne peut s'imposer ; chacun doit être libre d'exploiter sa fortune comme il l'entend, pourvu qu'il se soumette envers ses ouvriers aux prescriptions de la loi. Mais à côté des entreprises privées, l'association transformera l'ouvrier en agent producteur au lieu d'instrument qu'il est aujourd'hui. Ce principe régénérateur rehaussera la dignité des travailleurs qui, bien dirigés, sauront faire prospérer les entreprises qui leur seront confiées ; et le système de l'offre et de la demande disparaîtra comme un fantôme par suite de la concurrence qu'il ne pourra supporter.

On pourrait supposer qu'une telle concurrence ayant pour effet de produire plus et à plus bas prix, l'encombrement pourrait s'ensuivre ; cela serait vrai si l'ouvrier n'était pas lui-même le consommateur de ses propres produits. Lorsqu'il participera aux bénéfices, il fera plus de dépenses, tout en conservant une réserve qui lui servira pour augmenter son bien-être.

L'agriculture fera autant et plus de progrès que l'industrie par le système d'association, parce que ce système sera plus facile à appliquer; les produits agricoles étant moins susceptibles de dépréciation, les bénéfices seront plus certains.

Afin de conclure et d'arriver à l'application du système dont il s'agit, nous allons donner la formule des statuts d'une société ainsi constituée.

STATUTS

d'une Société en commandite avec participation aux Bénéfices par tous les Travailleurs.

Entre les soussignés,

par devant M.

ART. 1ᵉʳ.

Il est formé entre les comparants une société en commandite, par actions, qui aura pour objet la fabrication et la vente de

MM. seront provisoirement seuls associés solidaires, jusqu'à la première convocation de l'assemblée générale qui statuera, par voie élective, sur la nomination définitive des associés gérants, qui détermineront eux-mêmes la raison et la signature sociale.

Les gérants seront nommés pour   ans; ils pourront être révoqués par l'assemblée générale, sur la dénonciation de la commission de surveillance; mais, dans ce cas, la révocation ne serait valable qu'autant que la résolution de l'assemblée aura été exprimée selon la forme prescrite pour la modification des statuts.

ART. 2.

La société commencera le   ; sa durée sera de

ART. 3.

Le capital commanditaire sera de   , divisé en actions *au porteur* ou *nominatives*.

Le montant des actions sera versé par les souscripteurs ou cessionnaires respectifs, soit à la caisse sociale, soit à Paris, chez MM.   banquiers, savoir :

Les titres définitifs des actions ne seront délivrés qu'après la libération intégrale. Il sera remis, contre les premiers paiements, de simples promesses d'actions au porteur. Les souscripteurs ne seront pas garants du paiement par leurs cessionnaires de la portion non payée; mais faute de paiement à l'échéance, l'intérêt sera dû pour chaque jour de retard, sur le pied de   0/0 l'an; et de plus les actions pourront être vendues aux risques des retardataires, par un agent de change, à la Bourse de Paris, sans formalités ni mises en demeure,   jours avant la dite échéance.

ART. 4.

Tous les actes d'administration et de propriété, qui appartiendraient à la société entière, entreront dans les pouvoirs des associés-gérants élus par l'assemblée générale; toutefois ils ne pourront hypothéquer ou aliéner les immeubles sans une extension de pouvoirs prononcée par délibération de l'assemblée générale.

Les pouvoirs des gérants provisoires ne pourront s'étendre qu'en ce qui aura rapport à la constitution définitive de la société avec le concours des trois plus forts actionnaires et un agent du gouvernement.

Aussitôt que la société sera définitivement constituée, l'assemblée générale sera convoquée pour procéder à l'élection des gérants définitifs.

De l'inventaire et de la répartition des bénéfices.

ART. 5.

Il sera fait un inventaire arrêté au samedi de la dernière semaine de décembre de chaque année. Cet inventaire sera dressé par les associés gérants dans le mois qui suivra pour être présenté à l'assemblée générale.

ART. 6.

Les associés gérants auront droit chacun à un traitement annuel de   francs, qui sera prélevé mois par mois. Les employés, contre-maîtres et conducteurs des travaux auront droit chacun à un traitement annuel ou mensuel, déterminé selon leurs capacités et leurs services réciproques.

Un tarif sera établi par les soins des gérants qui fixera le prix de la journée de chaque ouvrier, ou le prix aux pièces, s'il y a lieu ; ce tarif devra être visé et approuvé par l'autorité supérieure du département chargée de cette mission.

Tous ces prélèvements préalables entreront dans les chiffres des dépenses.

ART. 7.

L'excédant des produits sur les dépenses constaté par chaque inventaire, après prélèvement de 5 0/0 du capital social, constituera le bénéfice net qui sera partagé comme suit :

          ème pour les réserves que l'assemblée générale jugera à propos d'opérer, lesquelles réserves seront obligatoires, jusqu'à concurrence d'un   *ème* au moins des bénéfices nets ;

          ème pour la gérance ;

          ème pour les employés, contre-maîtres et conducteurs de travaux ;

          ème pour les ouvriers ;

          ème pour les actionnaires qui sera distribué par portions égales entre les actions.

Le prélèvement afférent aux employés, contre-maîtres et conducteurs de travaux leur sera distribué au *prorata* du chiffre de leurs traitements respectifs.

Celui des ouvriers sera distribué également au *prorata* de la recette de chacun d'eux ; ils nommeront entre eux une commission de cinq membres qui sera chargée de la répartition.

La part de chacun pourrait être proportionnelle à sa rétribution journalière et basée sur sa recette annuelle.

Pour que l'ouvrier puisse prendre part à la répartition des bénéfices, il devra être âgé de seize ans au moins, et devra, en outre, justifier de son apprentissage. Les apprentis ne pourront prendre part aux bénéfices.

Dans le cas où un ouvrier aurait quitté l'établissement avant l'expiration de l'année, sa part lui sera réservée au *prorata* de la recette qu'il aura faite dans l'établissement, à moins que sa sortie n'ait été provoquée par défaut de conduite : dans ce cas, il n'aurait aucun droit audit bénéfice.

De l'Assemblée générale.

Art. 8.

L'assemblée générale sera composée de tous les actionnaires porteurs de   actions, de   délégués par voie d'élection, pris parmi les ouvriers de l'établissement, des   employés ou contre-maîtres également délégués par leurs camarades. Chacun de ces membres délégués aura droit de vote, indépendamment des droits réservés aux actions dont il serait porteur.

Les membres actionnaires auront autant de voix qu'ils représenteront de fois   actions, sans que la même personne puisse avoir plus de   voix au suffrage.

L'assemblée sera présidée par le plus âgé des commissaires de surveillance présents à l'assemblée.

Le plus fort porteur d'actions présent autre que les gérants, et un employé ou contre-maître délégué, rempliront les fonctions de scrutateurs ; le président et les scrutateurs éliront un secrétaire.

L'assemblée, ainsi constituée, représentera l'universalité des intéressés qui seront liés souverainement par ses décisions, et quel que soit le nombre d'actions représentées.

L'assemblée pourra modifier les présents statuts, sur la proposition des gérants ou de la commission de surveillance ; mais, en ce cas, les délibérations ne seront valables qu'autant que le tiers au moins des actions émises sera représenté à l'assemblée et que les résolutions seraient adoptées à la majorité des deux tiers des suffrages exprimés par tous les votants.

L'assemblée générale annuelle recevra communication de l'inventaire précédent, entendra l'exposé des gérants et le rapport de la commission de surveillance, statuera sur les réserves à opérer, fixera le dividende, et prendra toutes délibérations dans la limite des droits des commanditaires.

ART. 9.

Le paiement des dividendes s'ouvrira à la caisse sociale   jours après l'assemblée générale annuelle, sur la présentation des titres et sur la quittance des porteurs.

A compter de ladite assemblée, les négociations d'actions seront faites, dividende détaché; tous dividendes, non réclamés, seront prescrits après   ans au profit de la masse des actionnaires.

La masse des intéressés sera représentée par une commission de surveillance composée de   membres élus pour   ans par l'assemblée générale dont   parmi les possesseurs de   actions au moins et   parmi les employés, contre-maîtres et ouvriers. Cette commission exercera exclusivement tous les droits et actions appartenant à la masse des intéressés, dans ses rapports avec les gérants, sans qu'aucun des intéressés puisse exercer individuellement aucun contrôle, ni aucune action relative aux droits et aux intérêts de la masse.

ART. 10.

Les commissaires feront la vérification des inventaires annuels et des pièces à l'appui, ils pourront commettre un comptable pour cette vérification.

Dans le cas où la majorité des commissaires serait en désaccord avec les associés gérants sur les résultats de l'inventaire, sur la comptabilité ou les actes quelconques de la gestion, il en sera référé à l'assemblée générale qui statuera définitivement, soit en accordant, soit en refusant l'approbation de l'inventaire et de la gestion; au dernier cas, les points contestés seront jugés par la juridiction compétente entre les associés gérants et une commission spéciale nommée par l'assemblée.

Dans le cas où la majorité des commissaires n'aurait élevé aucun contredit avant l'assemblée générale qui suivra chaque inventaire, cet inventaire demeurera de plein droit arrêté, tel qu'il aura été dressé, et la gestion approuvée.

Les commissaires se réuniront   fois par mois, à   et pourront de plus se réunir extraordinairement sur la convocation des associés gérants, qui devront leur fournir tous les renseignements et documents que la commission jugera utile.

Ledit contrat d'association doit statuer sur les dépenses faites par les commissaires; sur leur démission, leur incapacité légale; sur la démission des gérants; sur la retraite d'un seul; sur leur incapacité, etc. Ce sont des objets de détails qu'il serait superflu de traiter ici. J'ai seulement cru devoir indiquer les formes principales qui peuvent servir à la constitution d'une société avec participation aux bénéfices par tous les travailleurs sans distinction.

Beaucoup d'objections vont sans doute être présentées à ce projet d'association; la première sera celle de la sécurité que des sociétés de ce genre peuvent donner à des capitalistes de plus que les autres sociétés.

Je répondrai que l'intérêt qu'auront les travailleurs à la prospérité de l'établissement est la meilleure garantie que l'on puisse donner.

La seconde objection est celle de la fixation des bénéfices, .lorsqu'il restera en magasin, au moment des inventaires, des produits dont on ne pourra apprécier la valeur d'une manière absolue.

C'est pour répondre à cette objection que j'ai donné le modèle de statuts qui précède. Le dividende étant connu, la répartition n'est pas plus difficile que dans les sociétés en commandite qui fonctionnent aujourd'hui.

Mais, dira-t-on, en quoi le gouvernement pourra-t-il intervenir pour la formation des sociétés en commandite plutôt que dans les autres entreprises? Je répondrai que l'intervention du gouvernement doit être tutélaire, mais que cette intervention ne doit pas multiplier les rouages de l'administration qui, malheureusement, sont déjà bien trop compliqués.

Je voudrais que dans le ressort de chaque cour d'appel, ou dans chaque département de la république, il fût établi une commission d'hommes compétents pour viser et approuver les statuts des sociétés en commandite, pour viser, revoir, corriger et approuver tous les règlements des ateliers de travail en général, soit publics ou privés. Cette commission aurait aussi mission d'intervenir, soit par elle-même, soit par voie de délégation dans toutes les contestations entre les entrepreneurs et les ouvriers.

C'est au gouvernement, c'est-à-dire à l'Assemblée nationale constituante, d'aviser, en ce qu'il s'agit de savoir si les intérêts des entrepreneurs et des travailleurs de l'agriculture, du commerce et de l'industrie de tous les points de la République, peuvent être défendus, avec connaissance de cause, par l'administration siégeant à Paris. A mon avis, c'est impossible ; c'est dans chaque localité même que l'on peut apprécier judicieusement les besoins des travailleurs en général.

De cette manière, l'article de la loi fondamentale relatif à l'organisation du travail serait fort simple, car il n'y aurait qu'à statuer sur l'organisation des commissions et du pouvoir supérieur auquel ces commissions devraient se rattacher à Paris.

Je ne parle pas des moyens capables d'assurer honorablement l'existence aux travailleurs sur leurs vieux jours, de la propagation des crèches, des salles d'asile et de l'instruction. Ces questions doivent être résolues en dehors des associations de travail ; car tous les travailleurs, quels qu'ils soient, associés au travail ou non, doivent prendre part aux bénéfices de ces institutions. Or, il serait contraire à l'équité de faire contribuer les travailleurs associés aux impôts afférents à ces dites institutions ; et d'un autre côté, de former sur les bénéfices mêmes de leur entreprise un fonds destiné à les secourir. La part ne serait pas égale entre les entreprises privées et celles par association qui, alors, ne pourraient plus tenir la concurrence.

En publiant cet exposé, je n'ai pas la prétention de traiter à fond la grande question qui s'agite, j'ai seulement eu pour but d'indiquer le côté pratique de l'association des capitaux, du savoir et du travail manuel, et comme je n'ai pas pour habitude d'énoncer un principe que je ne serais pas en mesure de soutenir, je dis, qu'ingénieur mécanicien et manufacturier moi-même, j'adopterais celui que je viens de poser avec toutes ses conséquences, et si j'étais capitaliste, je l'adopterais par spéculation ; mais pour qu'il soit applicable, il doit être étayé d'une loi qui fixe et règle les droits de chacun : tout essai fait en dehors d'une sanction de droit serait périlleux par suite de l'anarchie qui s'introduirait dans les ateliers.

Espérons que l'organisation sociale des travailleurs pourra se faire heureusement, nonobstant les agitations passionnées des rues et des places publiques, dont l'effet est d'inquiéter et paralyser le commerce et l'industrie et conséquemment le travail.

Espérons que les bons citoyens travailleurs comprendront bientôt que les fougueux agitateurs des rues, des carrefours et de certains clubs sont leurs ennemis les plus acharnés, leur encens n'est autre que celui du renard de la fable.

L'organisation des sociétés de travail se rattache essentiellement au crédit public ; celui-ci n'est établi solidement que par la confiance qu'inspirent les valeurs représentatives en circulation. Or, en France, nous n'avons généralement confiance que dans l'argent, qui disparaît au moindre trouble social ; l'inquiétude même suffit pour en arrêter l'émission.

Les comptoirs d'escompte sont des monts-de-piété au grand pied, qui absorbent les bénéfices des entrepreneurs.

L'établissement de la banque nationale immobilière est une idée providentielle qui grandira, je n'en doute pas, si l'assemblée nationale entre franchement dans le régime démocratique qu'elle est appelée à fonder.

- L'institution de la banque nationale immobilière est et ne peut être qu'une institution démocratique, parce qu'elle a pour objet le développement du travail sur une grande échelle ; elle est démocratique, parce qu'en substituant son égide tutélaire à la rapine des loups cerviers de la banque et des prêteurs à gros intérêts, elle protégera l'exploitation de l'agriculture, du commerce et de l'industrie, en faisant refluer les capitaux vers ces exploitations ; elle est démocratique, parce qu'elle permettra de produire à plus bas prix, et conséquemment de produire plus, par suite de la consommation plus abondante qui s'ensuivra.

Mais, par la raison que cette institution sera démocratique, elle détruira de nombreux priviléges qui s'insurgeront contre son adoption. C'est donc aux travailleurs, aux citóyens sincèrement dévoués à ces principes et aux institutions qui en feront la force, à populariser l'idée de constitution de la banque nationale hypothécaire.

La question de l'organisation du travail se rattache essentiellement à l'établissement d'une banque nationale hypothécaire, parce que l'association par sociétés en commandite se développera avec plus de facilité, et l'intelligence trouvera ici le moyen de se faire jour. C'est sous ce point de vue que nous devons l'envisager.

Imprimerie de CLAYE et TAILLEFER, rue Saint-Benoît, 7.

9 782012 973220